Rodins Gipsfassung der "Bürger von Calais" und deren künstlerische Rezeption von Candida Höfer

Laura Gruhn

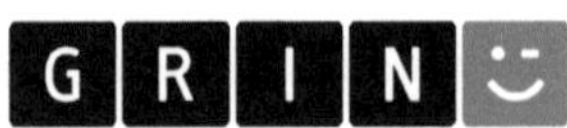

Bibliografische Information der Deutschen Nationalbibliothek:

Die Deutsche Nationalbibliothek verzeichnet diese Publikation in der Deutschen Nationalbibliografie; detaillierte bibliografische Daten sind im Internet über http://dnb.d-nb.de abrufbar.

ISBN: 9783346252876
Dieses Buch ist auch als E-Book erhältlich.

Druck und Bindung: Books on Demand GmbH, Norderstedt Germany
Gedruckt auf säurefreiem Papier aus verantwortungsvollen Quellen

Das Buch bei GRIN: https://www.grin.com/document/923433

Friedrich-Alexander-Universität
Erlangen-Nürnberg Institut für
Kunstgeschichte
Hauptseminar: Studium vor Originalen
„Ausstellungsbesuche
zeitgenössischer Kunst anlässlich
der 58. Biennale Venedig 2019“

Rodins Gipsfassung der „Bürger von Calais“ und die künstlerische Rezeption des Monuments bei Candida Höfer

Laura Charlotte Gruhn

Inhalt

1. Einleitung

Die Gipsfassung „Die Bürger von Calais“, welche Rodin auf der neunten Sezessionssaustellung und auf der vierten Biennale in Venedig 1901 ausgestellt hatte, liefert die Grundlage aller Überlegungen dieser Arbeit. Sie befindet sich heute im Ca‘ Pesaro, als Teil der Sammlung der „Galeria Internationale d’Arte Moderna“. 1901 wurde sie von der Stadt Venedig für diese Sammlung angekauft. Das Repertoire der Sammlung erfasst preisgekrönte Werke, welche in den frühen Jahrzehnten des 20. Jahrhunderts auf der Biennale in Venedig ausgestellt und dann verkauft worden waren.[1] Der Fokus der Sammlung liegt, wie bereits im Namen „d’Arte Moderna“ (ital. „Moderne Kunst“) deutlich wird, auf der Moderne. Warum also Rodin mit seiner Plastik Einzug in diese Sammlung erhält, warum er Teil dieser „modernen“ Sammlung ist, soll im Folgenden ebenso beantwortet werden, wie auch die Frage, wieso im Ca’ Pesaro eine Gipsplastik, eigentlich im klassischen Sinne ein Modell für ein späteres Original, gezeigt wird. Außerdem wird sich diese Arbeit mit der späteren Rezeption des Werkes durch Candida Höfer befassen. Durch Höfers Rezeption wird deutlich werden, inwiefern sich Rodins Plastik „Die Bürger von Calais“ einer neuen Fragestellung zu Beginn des 20. Jahrhunderts widmet, da Höfer diese in besonderer Weise zitiert und erweitert. Durch ihre fotografische Arbeit intensiviert sich der Eindruck der Plastik Rodins, wie auch die theoretischen Überlegungen, die auf der Grundlage seiner Arbeit entstehen. Gleichzeitig wird der Diskurs um die Einordnung der Begriffe „Original“ und „Reproduktion“ um eine, sich mit dieser Frage erneut befassenden Künstlerin, bereichert. Im Folgenden soll nun zunächst Rodin als Person, sowie sein Œuvre mit allen „modernen“ Merkmalen betrachtet werden. Dabei liegt ein großer Fokus auf den Gipsarbeiten, um darauf aufbauende Überlegungen zur Gipsarbeit „Die Bürger von Calais“ nachvollziehen zu können. Hierauf folgt die Beschreibung und Analyse der Rezeption des Werkes durch Höfer, sowie eine abschließende Betrachtung.

---

[1]Vgl. https://capesaro.visitmuve.it/en/il-museo/la-sede-e-la-storia-2/ (Stand: 31.10.2019, 09:14).

2. Auguste Rodin – „Die Bürger von Calais“

2.1 Auguste Rodin

Rodin wird 1840 in Paris geboren und wächst in einer klassischen Beamtenfamilie auf.[2] Nachdem er die Schule mit 14 Jahren verlässt, besucht er 1854 die École Nationale des Arts Décoratifs in Paris und erhält außerdem eine Ausbildung als Steinmetz und Gießer.[3] Mit dieser Ausbildung im Kunsthandwerk versucht die Familie Rodins, sein künstlerisches Interesse mit der Notwendigkeit des finanziellen Verdienstes in Einklang zu bringen. Trotzdem bewirbt er sich dreimal vergeblich an der Ècole des Beaux-Arts. Den Tod seiner Schwester 1862 verkraftet er nur schwer und tritt hierauf einem Eudisten Kloster bei. Dort wird er ermutigt, sein Leben erneut der Kunst zu widmen. 1864, nach dem Austritt aus dem Kloster, folgt die Zeit als Schüler im Atelier von Albert-Ernest Carrier-Belleuse. Ein Jahr nach dem Ausbruch des Deutsch-Französischen Krieges 1870 kann Rodin, vom Militärdienst befreit, mit Carrier-Belleuse nach Brüssel reisen, um schließlich im Atelier Van Rasbourgs an Bauplastiken zu arbeiten.[4] Aufgrund heftiger Meinungsverschiedenheiten und einem zunehmend angespannten Verhältnis trennen sich Carrier-Belleuse und Rodins Wege. 1875 folgt eine Reise nach Florenz und Rom, welche Rodin zum Studium der Werke Michelangelos nutzt und von dessen naturalistischen Formen er inspiriert wird. Ein Zeugnis seiner anschließenden Auseinandersetzung mit der Architektur französischer Kathedralen liefert ein von ihm illustriertes Buch über selbige. Die Bekanntschaft mit dem Bildhauer Aimé Jules-Dalou ermöglicht Rodin die Bekanntschaft zu Stéphane Mallarmé, welcher sich fortan um seine Förderung bemüht. Waren die von Rodin eingereichten Büsten beim Pariser Salon als „rohe Gussformen“ missfallen und abgelehnt worden, findet der Salon schließlich Gefallen an der Statue „Johannes der Täufer“, sodass sie mit Auszeichnung angenommen wird. Die 1880 in Auftrag gegebene Gestaltung der „titanischen Höllenpforte“ am Musée des Arts Décoratifs stellt Rodin nie fertig, sie ist jedoch Auslöser für zahlreiche negative Debatten um sein Schaffen. 1883 geht Rodin eine Beziehung mit der Bildhauerin Camille Claudel ein und profitiert von einer gegenseitigen Inspiration und Anregung. Die Stadt Calais beauftrag Rodin ein Jahr später mit dem Monument für die Bürger von Calais. Ab 1894 arbeitet Rodin in Meudon. Er kauft hier das Hotel Biron und richtet sich ein Atelier ein.

---

[2]Vgl. Josef A. Schmoll-Eisenwerth: *Rodin-Studien: Persönlichkeit – Werke – Wirkung. Bibliografie.* München 1983, S.15f.

[3]Vgl. https://www.kettererkunst.de/bio/AugusteRodin-1840-1917.php (Stand: 2.2.2019, 16:53h).

[4]Vgl. Henri Martine: *August Rodin. 1840-1917.* In: George Besson (Hrsg.): Collection <<Les Maîtres >>. Rodin. Paris ohne Datum, ohne Seitenzahlen.

Rainer Maria Rilke wird zeitweilig sein Privatsekretär.[5] Als Indiz seines Erfolgs und als Durchbruch zu weltweiter Anerkennung kann die Weltausstellung in Paris 1900 betrachtet werden. Rodin vollzieht hier, in eigener Regie, außerhalb der offiziell-staatlichen Ausstellungen und in einem eigenen Pavillon an der Place de l'Alma, sowie mit über 170 Werken, eine Retrospektive seines Schaffens. Während dieser Ausstellung zeigt Rodin, innerhalb eines flexiblen Ausstellungskonzepts, vor allem Gipsarbeiten, welche zeitweise durch andere Arbeiten ersetzt wurden und so einen umfassenden Einblick in sein Œuvre erlauben. Verknüpft mit der Präsentation seiner Werke in Paris sind eine Reihe darauffolgender Ausstellungen in europäischen Städten, sowie das stetige Wachsen des Ansehens und der Popularität seiner Person.[6] Rodin stirbt 1917 in Meudon. Sein Œuvre ist durch eine Vielzahl von Einflüssen gekennzeichnet und enthält Elemente vieler verschiedener Stile. Auch wenn der Versuch einer Zuordnung zum Impressionismus naheliegend erscheint, da Rodin Elemente wie Atmosphäre, flüchtige Bewegungen und Lichtreflektion auf der Oberfläche aufgreift und auch zusammen mit Monet ausgestellt hatte, muss dennoch zur Kenntnis genommen werden, dass eine Fülle von Einflüssen sowohl durch Orte, als auch durch Persönlichkeiten, in seinem Schaffen zum Ausdruck kommt, wie im nächsten Kapitel noch genauer beschrieben werden soll. Es finde sich Einflüsse der Renaissance in den naturalistischen Elementen, oder auch Elemente beginnender Abstraktion, wie anhand der abstrahierten Statue zu Honoré de Balzac erkannt werden kann.[7] Im folgenden Kapitel soll nun näher auf seine stilistischen Besonderheiten eingegangen werden. Dafür wird exemplarisch die Plastik „Die Bürger von Calais“, wie auch die Bedeutung des Materials Gips, analysiert.

2.2. „Die Bürger von Calais“

Die Plastik „Die Bürger von Calais“ (1884-1886) (Abb. 1) zählt, neben "Das Eherne Zeitalter" (1875/76), "Der Denker" (1880), "Danaide" (1885), "Der Kuss" (1886) oder dem Denkmal für den „Dichter Balzac“ (1897) (Abb. 2), zu den Hauptwerken Rodins.[8] Die Stadt Calais beauftrage 1884 Rodin mit der künstlerischen Auseinandersetzung eines Ereignisses, welches den Chroniken Frankreichs entspringt – dem Hundertjährigen Erbfolgekrieg (1337-1453): Nachdem König Edward III. Calais ein Jahr lang belagern und aushungern lies, fanden sich sechs Bürger der Stadt, die sich auf ein Angebot des

---

[5]Vgl. https://www.kettererkunst.de/bio/AugusteRodin-1840-1917.php (Stand: 2.2.2019, 17:28h) - Henri Martine. O.D. Keine Seitenzahlen.
[6]Vgl. Heike Höcherl: *Rodins Gipse. Ursprünge moderner Plastik.* In: Jürgen Meyer zur Capellen (Hrsg.): Schriften zur bildenden Kunst. Bd.12. Frankfurt a. M. 2003, S.1.
[7]Vgl. Schmoll-Eisenwerth 1983, S.269.
[8]Vgl. www.kettererkunst.de/bio/AugusteRodin-1840-1917.php (Stand: 23.10.2019, 08:10).

englischen Königs einließen: diese sechs Freiwilligen sollten nackt und mit einem Strick um den Hals, sowie mit den Schlüsseln der Stadt und der Festung sich ergebend, durch Edward III. geköpft werden, um hierdurch eine Stürmung der Stadt zu verhindern. Der Todesmut der Männer führte jedoch dazu, dass Edward III. der Stadt und seinen Geißeln die Freiheit schenkte. Rodin stellte 1889 ein Monument zu Ehren der sechs Bürger aus Gips vor, die Version in Bronze entstand erst 1895 und befindet sich heute vor dem Rathaus in Calais.[9] Die Mitglieder der Gruppe sind in einer zentrifugalen Anordnung aufgestellt, es gibt keine Hauptansichtsseite, der älteste Mann befindet sich in der Mitte der Personengruppe. Rechts neben ihm verharrt, in aufrechter Position, ein zweiter Mann mit dem Schlüssel der Stadt in den Händen, der Blick starr und in Trauer zu Boden gerichtet. Die Person hinter den beiden rauft sich, in gebeugter Haltung, die Haare und erscheint hierdurch verzweifelt. Die Person links, neben der Mitte positioniert, windet sich neben den zwei Brüdern, welche die fünfte und sechste Person darstellen. Alle Personen stellen den Moment der Todeserfahrung und des Abschieds in unterschiedlicher und emotionaler Regung zur Schau. Die Gipsplastik zeigt, exemplarisch für das Gesamtœuvre Rodins, eine weitgehend anti-akademische Haltung, durch welche eine Werkgenese im neuklassischen Stil distanziert betrachtet und eine neue Interpretation von Winkelmanns „edler Einfalt und stillen Größe“ durch Rodin zelebriert wird. Besonders auffällig ist Rodins flackernder Modellierstil[10], der im Verzicht auf eine Glättung der Oberfläche ein reiches Repertoire an Licht und Schatten begünstigt und an Elemente des Impressionismus erinnert. Ebenso lässt Rodin den Werkprozess, anhand von sichtbaren Gipsrändern und Gipsrückständen, erkennbar werden. Die Sichtbarmachung des unabgeschlossenen Arbeitsstadiums am fertigen Objekt veranschaulicht hierdurch das Zeitliche im Entstehen der Plastik.[11] Kunsthistoriker*innen verweisen in diesem Zusammenhang auf das Einführen des „non-finito“[12] (ital. Unfertig) in die Moderne Plastik, um die Gestaltung in greifbaren Kategorien fassen zu können. Die sechs Bürger werden auf ihrem Opfergang und in stark emotionaler, individueller Regung gezeigt. Die Hände, ebenso wie die Gesichter, drücken das Ringen mit dem Schicksal aus. Verzweiflung und Angst sind ebenso sichtbar, wie der Todesmut und die Entschlossenheit. Für den expressiven Charakter der Handhaltung fertigte Rodin viele Handstudien an, um durch Sie die innere Anspannung der Männer zu verdeutlichen. Die

---

[9]Vgl. Katja, Hoffmann: *Ausstellungen als Wissensordnungen. Zur Transformation des Kunstbegriffs auf der Documenta 11.* In: Schriftenreihe des documenta Archivs. Bnd.23. Bielefeld 2013, S.245, S.248.
[10]Vgl. Höcherl 2003, S.XI.
[11]Vgl. Ebd., S.XIII.
[12]Vgl. https://blog.staedelmuseum.de/auguste-rodins-eva/ (Stand: 08.10.2019, 12:39).

hierbei verzerrten Gesichter und gekrümmten Haltungen der Figuren können als Ausdruck des bewegten Lebens und der ihr innewohnenden Unvollkommenheit gedeutet werden. Klassisch, akademische Vollkommenheit, welche sich auch in den stillen, antikischen Körper materialisiert, wird von Rodin als Täuschung interpretiert.[13] Die 1898 in Auftrag gegebene Statue des Honoré de Balzac liefert für diese Haltung Rodins ein Beispiel: Rodins Intention liegt nicht in der Darstellung seiner tatsächlichen Erscheinung, sondern in der Bedeutung Balzacs als seherischen Kopf, welcher Prosa zur Poesie verdichtet. Diese Stilisierung der Person erfordert einen hohen Abstraktionsgrad. Das Ergebnis dieser Darstellung Balzacs, mit übertriebenen und manipulierten Körperformen und in drastischem Maße von der klassisch-antikischen Vorstellung eines Monuments abweichend, führte, ebenso wie „Die Bürger von Calais“, zunächst zur Ablehnung der Plastik durch den Auftraggeber. Führte Rodin für „Die Bürger von Calais“ sechs individuelle Figuren an, bestehen andere Gruppenplastiken aus zusammengesetzten Formduplikaten. Als Beispiel für diese repetitiven Assemblages können „les *trois faunesses“* (Abb. 3) oder „les *trois ombres“* (Abb. 4) genannt werden.[14] Sie bestehen aus jeweils drei Formduplikaten, die, auf Allansichtigkeit ausgerichtet, halbkreisförmig miteinander verbunden werden und hierdurch eine Bewegungsdynamik generieren. Der Umraum der sechs Bürger erhält durch die Durchschluchtung der Gruppe besondere Bedeutung und ist in die Plastik integriert. Die multiperspektivische Ausrichtung und Allansichtigkeit der Gruppe wird durch die Präsentation des Werkes auf Augenhöhe in besonderem Maße erlebbar. Rodin eliminiert durch den fehlenden Sockel die Distanz zum Rezipienten und löst hierdurch Elemente der Entfremdung und Verherrlichung auf. Eine neue Ebene der Kommunikation zwischen Objekt und Rezipienten wird ermöglicht. Die Figuren der Plastik erscheinen „nahbar“, die Gruppe agiert mit der Umwelt und integriert sich in diese. Bemerkenswert und untypisch für 1900 ist außerdem die Entwicklung eines Monuments in Form einer Gruppenplastik, anstelle eines einzelnen Helden pars pro toto. Die 1895 erstmals veröffentliche Plastik, welche ursprünglich für den Rathausplatz in Calais gedacht war, missfiel aufgrund der eingeführten Neuerungen und Besonderheiten, sodass man Sie zunächst in der Nähe des Friedhofs auf einem erhöhten Sockel aufstellte. Obwohl das ausgestellte Monument in Calais aus Bronze gefertigt wurde, kommt den Gipsfassungen des Monuments, unter welchen sich die dritte Gipsfassung heute in Venedig befindet, unter dem Aspekt einer Erneuerung der

[13]Vgl. Höcherl 2003, S.XIII.
[14]Vgl. Ebd., S.9.

Materialhierarchie eine besonders wichtige Bedeutung zu, die im Folgenden genauer ausgeführt werden soll.[15]

2.3. Die Bedeutung von Gips im Œuvre Rodins

„Man wusste immer, das Gips im Schaffen [Rodins] eine bedeutende Rolle gespielt hatte, aber man unterlag in der Beurteilung dem traditionellen Vorurteil einer Minderbewertung des Gipsmaterials“[16]. Nicht wie in der klassischen Bildhauerei üblich und durch die Werkverzeichnisse der Künstler des 19. Jahrhunderts belegbar, erkennt Rodin Gips als Ersatzstoff für das Entwurfsmaterial an, welcher nur zu Vorstudien oder als Negativform für einen Bronzeguss dient. Rodin nutzt Gips extensiv als Material seiner fertigen Plastik und veredelt dieses somit: Das Gipsmaterial erhält durch Rodin in der klassischen Materialhierarchie die gleiche, wertvolle Bedeutung, wie Bronze und Marmor.[17] „Die dominierende Wahl von Gipsen als Repräsentanten seines Œuvres [...]“[18] während der Pariser Weltausstellung 1900 zeigt, dass Rodin seine Gipse nicht nur als Entwurfsmaterial ansah, sondern ihnen autonomen Charakter zuwies. Es ist anzumerken, dass eine Präsentation von Gipsentwürfen auch in anderen Ausstellungen dieser Zeit üblich war. So zeigten Künstler des Pariser Salons Gipsmodelle, um die Chancen für einen Verkauf oder einen Auftrag für Bronze- oder Marmorfassungen zu erhöhen. Rodins Exponate auf der Weltausstellung entziehen sich jedoch dieser Intention. Dies zeigt Rodins Umgang mit den scheinbaren Modellen deutlich: Er signierte sie, versah sie mit Inschriften und Widmungen und schuf sie weitestgehend ohne Auftraggeber. Nach Höcherl sei ein weiteres Zeichen des autonomen Charakters der Gipse der Akt des Schenkens derselben an Freunde sowie der Verkauf von Gipsplastiken. Interessant ist, dass Rodin seine Gipse auch in unterschiedlichen Maßstäben (verkleinert oder vergrößert) reproduzierte, die Skulpturen mit Gipsmilch überzog und teilweise Sockel in die Werke integrierte. Der künstlerische und souveräne Umgang mit Gips verdeutlich hierbei, dass Rodin nicht aus ökonomischen Gründen auf selbigen zurückgriff, sondern aus materialästhetischer und experimenteller Motivation heraus handelte und Gips- und Tonarbeiten einen Eigenwert zuschrieb, der in Bronze- und Marmorwerken nicht zu finden gewesen sein könnte.[19] Durch das Unterlaufen der Materialhierarchie und die

---

[15]Vgl. https://capesaro.visitmuve.it/en/mostre-en/archivio-mostre-en/paradoxes-ca-pesaro-candida-hofer/2015/01/6438/the-burghers-of-calais/ (Stand: 23.10.2019, 08:51).

[16]Höcherl 2003, S. XII.

[17]Vgl. Ebd., S.XI.

[18]Höcherl 2003, S.1.

[19]Vgl. Höcherl 2003, S.1f, S.12, S.18, S.15.

Verwendung des, durch die Akademie diskreditierten Materials, welche sich „[...] gänzlich auf die reproduzierenden Eigenschaften des Materials konzentrierte [...] [und dadurch die] künstlerischen Möglichkeiten [völlig übersah]“[20] zeigte sich Rodin distanziert zu festgefahrenen klassisch-akademischen Haltungen. Die Materialeigenschaft des Gipses erlaubt die unmittelbare Übertragung der künstlerischen Idee in das Werkmaterial. Eine Verfälschung durch einen weiteren Arbeitsschritt, den der Transformation des Gipsmodells in einen anderen Werkstoff wie Bronze oder Marmor, wird ausgeschlossen. Gips war demnach in der Lage, Rodins Intention am besten wiederzugeben, wie er selbst betont. Eng verbunden mit Rodins Tätigkeit als Bildhauer sind die Reproduktion seiner Plastiken, welche Potential für die Frage nach der Originalität eines nicht durch den Künstler geschaffenen Originals liefern. Nach Elsen liege die Originalität einer Rodin-Skulptur in seiner Konzeption und in seiner Interpretation eines Themas und nicht in der Herstellung von kulturalen Einzelstücken begründet. Diese Begründung erscheint schlüssig, da sie auch in den Werken selbst widerentdeckt werden kann, wenn Rodin Motive innerhalb eines Werkes mehrmals reproduziert und dadurch die Einmaligkeit, eines durch den Künstler geschaffenen Einzelstückes, ausklammert. Viele Reproduktionen wurden durch Mitarbeiter Rodins, wie Henri Lebossés, gefertigt. Dies gilt auch für besonders berühmte Werke wie das des Denkers oder Balzacs. Zu Beginn des 20. Jahrhunderts waren 50 Personen im Atelier Rodins für die Ausführung seiner Skulpturen engagiert. Es erscheint demnach, als habe Rodin ein neues, modernes Verständnis des Werkbegriffs eingeführt, für welchen die Unwiederholbarkeit, die Singularität des Werks keine besondere Bedeutung erhält, sondern Authentizität als entscheidendes Kriterium für den Begriff des „Originals“ in den Fokus rückt, die nicht mit einer mechanischen Auffassung von Urheberschaft einhergeht. Nach Krauss spiegeln diese Reproduktionen den Geist der Avantgarde wider, welcher Originalität nicht auf eine formale Erfindung bezieht, sondern als eine Art „Arbeitshypothese“ versteht. Das Authentische dieser Reproduktionen sei daher weniger im materiell sichtbaren zu suchen, sondern als theoretischer Aspekt, als gedankliches Konzept der Avantgarde, zu verstehen.[21] Des Weiteren könne ein Original, als ein Abbild von etwas, nämlich als Abbild der Realität, bereits als Kopie begriffen werden. So ergäbe sich bereits in der Grunddefinition des Originals, als „individuelle, originelle und eigenständige geistige Schöpfung eines lebenden Menschen, [...] die sich von dem

---

[20] Ebd., S.26.

[21] Vgl. Rosalind E. Krauss: *Die Originalität der Avantgarde und andere Mythen der Moderne.* In: Herta Wolf (Hrsg.): Schriftenreihe zur Geschichte und Theorie der Fotografie. Bd.2. Amsterdam; Dresden 2000, S.205, S.220f., S.230, S.249.

vorgegebenen Bestand bekannter Kunstwerke abhebt“[22], eine „ […] irreduzible Pluralität […]“[23], „[…] ein Zustand der Vielheit, der sich nicht auf die Eins, auf das Singuläre oder Einmalige reduzieren lässt“[24] und ohne fixierbaren Ursprung existiert. Rodins Plastiken können als reproduktive Medien keine authentischen und einmalig vom Künstler gefertigten Kunstwerke sein[25], sie können aber dann eine authentische Kopie sein, wenn sie auf den schöpferischen Impuls und Gehalt des Künstlers verweisen, welcher über das sinnliche Wahrnehmbare hinausgeht. Die Reproduktion erhält hierbei also eine fundamentale Bedeutung für die Idee des Originals.[26] Die Auseinandersetzung mit dem Begriff der Originalität und die konträren Betrachtungsweisen, die bereits in diesem Text anklingen, zeigen einen, für die moderne typischen Diskurs auf, an welchem sich Rodin zu Lebzeiten mit der Produktion von Güssen, Gipsen und Multiples rege beteiligt und auch nach seinem Tod, durch seine testamentarischen Bestimmungen, weiter partizipiert.

2.4. Rodins Testament

Rodin vermachte sein Gesamtœuvre mit allen Reproduktionsrechten 1916 dem französischen Staat.[27] Durch das Vermächtnis Rodins und seine hierdurch post mortem interpretierbare Haltung gegenüber dem Status der Originalität, welche diese in Frage zu stellen scheint, führt umso mehr zu der Frage, „[…] ob sein skulpturales Werk im Wissen um die Bedeutung der Reproduzierbarkeit […] überhaupt noch mit der traditionellen Auffassung vom >>Originalkunstwerk<< analysiert werden könne“[28]. Die Reaktion des französischen Staats auf diese besondere Erlaubnis der uneingeschränkten Reproduktion zeigte sich zunächst im Versuch einer Revidierung derselben, nämlich durch eine systematische Verknappung, um einem möglichen Preisverfall entgegenzusteuern.[29] Somit wurden Rodins Güsse mit einem Gesetzeserlass in den 1980er Jahren auf postume Editionen von 12 Exemplare begrenzt.[30] Es konnten hierdurch durch den Staat „echte Originale“ mit einer relativen Einmaligkeit (maximal 12 Reproduktionen) reproduziert

[22]Gerhard Pfennig: *Kunst, Markt und Recht. Einführung in das recht des Kunstschaffens und der Verwertung von Kunst.* In: Stefan Haupt (Hrsg.): Berliner Bibliothek zum Urheberrecht. Bnd.7. München 2009, S.102
[23]Krauss 2000, S.230.
[24]Ebd.
[25]Vgl. Walter Benjamin: *Das Kunstwerk im Zeitalter seiner technischen Reproduzierbarkeit.* In: Ders. Gesammelte Schriften. Bd.2. Frankfurt 1974, S.482.
[26]Vgl. Krauss 2000. S.215.
[27]Vgl. Ebd., S.197.
[28]Dominik Brabant: *Rodin-Lektüren. Deutungen und Debatten von der Moderne zur Postmoderne.* Diss., Ludwig-Maximilians-Universität München 2017, S.286.
[29]Vgl. Krauss 2000, S.226.
[30]Vgl. Hoffmann 2013, S.247.

werden. Obwohl postume Abgüsse rechtlich als „echte Originale" legitimiert sind, haben sie dennoch einen Beigeschmack, der die Frage um den Werkbegriff umso dringender werden lässt. Man kann behaupten, es fehle diesen Abgüssen die Autorisierung durch den Künstler, die die Umsetzung seiner Intention bestätigt oder gewährt, sowie der unmittelbare, schöpferische Impuls.[31] In der Erkenntnis, dass ein „Individuum [...] einen Stil nicht im nachhinein anstreben [kann], sondern [sich] die im Stil lagernde Authentizität kollektiv und unbewusst in der Epoche [ergibt]"[32] können Plastiken aus der jüngsten Vergangenheit hierdurch zunächst wie eine Fälschung erscheinen. Der Gesetzeserlass der französischen Regierung führte auch bei der Gruppenplastik der Bürger von Calais dazu, dass die letzte Fassung, das letzte Original, im Jahr 1996 gegossen wurde. Somit befanden sich seit diesem Zeitpunkt zwölf Exemplare auf drei Kontinenten verteilt.[33] Calais beauftragte nach dem letzten Guss, mehr als 500 Jahre nach dem historischen Ereignis der Aushungerung Calais, die Fotografin Candida Höfer mit einer künstlerischen Rezeption dieser Plastik. Wie Höfer sich um eine Annäherung an Rodins Werk bemüht und inwiefern auch eine Fortführung des Diskurses um den Werkbegriff im Urheberrecht in ihrer Arbeit entdeckt werden kann, soll nun untersucht werden.

3. Candida Höfer – Zwölf

3.1. Candida Höfer – Biografisches und Gesamtœuvre

Die 1944 in Eberswalde geborene Candida Höfer und Schülerin von Arno Jansen, Ole John und Bernd Becher in Düsseldorf, wurde 2000, nachdem der letzte zulässige Abguss der „Bürger von Calais" angefertigt worden war, durch die Stadt Calais mit einer fotografischen Arbeit über die zwölf existierenden Monumente beauftragt.[34] Dass Höfer sich dieser Aufgabe widmete, ist insofern bemerkenswert, als dass sie bis dato keine Auftragsarbeiten angenommen hatte. Typischerweise beschäftigte sich Höfer seit Ende der siebziger Jahre in ihrer zeitgenössischen, künstlerischen Fotografie mit Innenräumen.[35] Das Repertoire umfasst hierbei öffentliche, allgemein zugängliche Räume wie Bibliotheken, Theater, Universitäten, Wartesäle, Hotels oder Kirchen.[36]

[31]Vgl. Krauss 2000, S.198, S,204.
[32]Ebd., S.204.
[33]Vgl. Hoffmann 2013, S. 247.
[34]Vgl. https://www.galeriezander.com/de/artist/candida_hoefer/biography (Stand: 22.10.2019, 09:04).
[35]Vgl. https://www.welt.de/print-wams/article603903/Mit-Auguste-Rodin-ab-nach-Kassel.html (Stand: 22.10.2019, 09:18).
[36]Vgl. Candida Höfer: Zwölf – Twelve. Kat. Ausst. Musée des Beaux-Arts et de la Dentelle de Calais, Calais 2001, S.9f.

Einen optischen Eindruck und Überblick zu diesen Innenräumen (Abb. 5) verschafft hierbei der Katalog zur Ausstellung in Köln 1999, „Candida Höfer. Orte Jahre. Photographien 1968-1999“.[37] Das bei Höfer schließlich ein fotografisches Interesse am Außenraum entsteht, kann als Ergänzung ihrer fotografischen Sicht auf „Räume“ betrachtet werden. Der Weg der fotografischen Dokumentation von belebten Räumen (Abb. 6) zu Beginn ihres Schaffens, über unbelebte Innenräume, hin zu wieder unbelebten Außenräumen (nur zwei der zwölf Abbildungen zeigen im Hintergrund Menschen), in welchen die Plastiken den Raum „beleben“ und für die menschliche Präsenz stehen könnten, komplettiert das Œuvre Höfers auf interessante Weise.

3.2. Zwölf - Twelve

Für die Fotoarbeit bereiste Höfer zwischen den Jahren 2000-2001 die Städte Calais, Kopenhagen, Mariemont, London, Philadelphia, Paris, Basel, Washington, Tokyo, Pasadena, New York, Seoul sowie Rom.[38] Die Plastiken werden in unterschiedlichen Ansichten und räumlichen Kontexten an ihren Standorten fotografisch festgehalten. Da sich die Plastik aus Calais wegen Restaurierungsarbeiten in Rom befand, besteht Höfers Arbeit aus Fotografien mit 13 Orten und nicht 12. Höfers Aufnahmen kreisen immer um das gleiche Zentralmotiv, die Plastik. Sie sind jedoch, durch die Varianten in der Inszenierung der Skulptur, die zum einen durch die Orte, zum anderen durch Höfers Blick evoziert wird, sehr unterschiedlich. Teilweise befinden sich die Skulpturen, wie beispielweise in Kopenhagen (Abb.7) oder Philadelphia im Innenraum, in Calais (Abb.8), London, oder Paris stehen sie im Außenraum. Betrachtet man Höfers Inszenierungsstrategie genauer, so fällt der Wechsel zwischen Nah- und Fernsicht des Motivs, zentraler und seitlicher Position der Skulptur im Bild, sowie der Wechsel zwischen quadratischem Format und Hochformat auf. Eine Verbindung der Fotografien untereinander und hierüber ein Anreiz zum Vergleich der Abbildungen, ergibt sich über einen scheinbar gleichen Lichtwert der Aufnahmen, sowie über das gleiche Zentralmotiv. Teilweise erscheinen Höfers Fotografien wie flüchtige Blicke auf die Skulptur, wie beispielsweise in Paris (Abb.9), wo durch eine Glasscheibe von der Straße aus in den Garten fotografiert wurde. In Mariemont (Abb.10) hingegen ist die Plastik beinahe formatfüllend abgebildet. Durch Höfers unterschiedliche Betrachtungswinkel auf die Plastik, scheint es, als würde sie um diese kreisen um deren Allansichtigkeit, sowie die

---

[37]Vgl. Candida Höfer. Orte Jahre. Photographien 1968-1999. Kat. Ausst. Die Fotografische Sammlung/SK Stiftung Kultur Köln. Köln 1999.
[38]Vgl. Candida Höfer: Zwölf – Twelve. Kat. Ausst. Musée des Beaux-Arts et de la Dentelle de Calais, Calais 2001.

demokratische Anordnung der Figuren zu fassen und sich dieser zu nähern. Da in Höfers Arbeit meist der ganze Raum mit der Plastik in Beziehung steht und abgebildet ist, wird sichtbar, wie Museen und Institutionen die Plastik im Raum verorten und welche unterschiedliche Präsentationsschemata nicht nur in Höfers einzelnen Fotografien, sondern auch an den Orten selbst, für die Skulptur, genutzt werden.

3.3. Interpretation der Rezeption Höfers

Festzustellen ist, dass es in Höfers Rezeption des Denkmals weniger um einen detaillierten Ausschnitt oder eine spezifische Ansicht geht. Vielmehr interessiert, wie auch in Rodins Œuvres, der Diskurs um den Werkbegriff und die Frage nach einer eindeutig definierbaren Werkkategorie. Diese These sei, so Hoffmann, durch die große Variabilität innerhalb Höfers fotografischer Arbeit zu belegen. Hierbei sind vor allem eine große Varianz der Formate, wie auch eine disparate Sortierung, zu beschreiben. Die Arbeit wird stetig neu, in unterschiedlichen Bildensembles präsentiert, die keinen Anspruch auf Vollständigkeit der im Werkverzeichnis gelisteten Fotografien hat. Als Beispiel kann hierbei die Documenta 11 genannt werden, auf welche pro Ort nur eine Ansicht des Monuments gezeigt wurde, obwohl der Werkkatalog mehrere Ansichten pro Ort listet. Ebenso wird die Struktur des Katalogs, mit den Bildsortierungen nach Orten, in den Ausstellungen nicht berücksichtigt. Gelegentlich werden Ansichten durch solche ersetzt, die nicht im Werkkatalog publiziert sind, sodass ein anderes Gesamtbild der Arbeit entsteht. Zusätzlich werden Formatänderungen bei gleichem Werktitel vorgenommen.[39] Dies erweitert die Varianz und erinnert an die Ausstellungsstrategie Rodins während der Weltausstellung 1900, auf welcher ebenfalls Gipse ausgetauscht und skaliert gezeigt wurden. Auf der documenta 11 wurden beispielsweise nur sechs der Fotografien in den Formatangaben nach dem Werkkatalog ausgestellt, alle anderen wichen von diesen ab. Höfer hinterfragt somit, durch eine sich ständig wandelnde, heterogene Präsentationsform der fotografischen Arbeit, welche durch einen ständige Reproduktion der Fotografien entsteht und hierdurch mit den klassischen Kategorien des Werkbegriffs nicht mehr beschrieben werden kann, Werkoriginalität als „[…] spezifisch fixierbar materielle Eigenschaft“[40]. Die Frage des Kunstbegriffs, die Einordnung des Originals zwischen allen Reproduktionsverfahren wird umso spannender, da Höfers Montagen[41], trotz ihrer Flüchtigkeit, uneingeschränkt den Status der Originalität

[39]Vgl. Hoffmann 2013, S.249f.
[40]Ebd., S.250.
[41]Vgl. Ebd., S.250.

zugesprochen bekommen[42], obwohl sie einen fixierbaren Ursprung nur erahnen lassen. Rodins Gipsen fehlt diese Ursprünglichkeit insofern, als dass das Problem des bildhauerischen Originals aufgegriffen wird: Krauss spricht in diesem Zusammenhang von der Kunst der Wiederholung. Denn jede Reproduktion stellt die Reproduktion eines Modells dar, welches zunächst das eigentliche Original ist.[43] Betrachtet man das Modell auch als „Abbild von etwas", wie etwa als Kopie der Natur, läge an dieser Stelle bereits der Vorwurf der Kopie vor. Ein fixierbarer Ursprung wäre somit nur schwer auszumachen. Des Weiteren entstehen die Gipse Rodins ohne Transformationsprozess, ohne Negativ und ohne Entwurfsmaterial. Sie stellen hierdurch die geläufige Materialhierarchie in Frage. Rodins Gipse konfrontieren den Rezipienten mit einem Zustand des Abgeschlossenen, denn dieser sieht eine fertige Plastik (man könnte hierbei von einem ausgewiesenen Original sprechen), die jedoch durch ihre Erscheinung (beeinflusst durch das Material Gips) vermittelt, sie sei nur ein Zwischenstadium, ein Entwurf. Eine Diskrepanz zwischen dem „Sehen" und dem „Zuschreiben" entsteht. Bei Höfer kann ein vergleichender Blick aufgrund der Inszenierung der Fotografien erfolgen. Damit eine Vergleichbarkeit über die Motive hinaus entsteht, werden die in der Werkliste angegebenen Bildformate an die Formate der Publikationen angepasst. Eine weitere Analogie zu Rodins Œuvre besteht in der uneingeschränkten Reproduktion der Fotografien. Wie auch Rodin seine Gipse in verschiedenen Größen und Varianten reproduziert, werden Reproduktionen von Höfers Fotografien in unterschiedlichen Formaten und Varianten erstellt. Somit versucht Höfer, trotz der Zuschreibung der Originalität, welche auf der „[…] diskursiven Zirkulation der Bilder in Katalogen und Ausstellungen und [auf ihre[r] sprachliche[n] Fixierung durch den Titel"[44] basiert, durch verschiedene Methoden (Format, Vervielfältigung, Ansichtigkeit, Bildsortierung) eine eindeutig fixierbare Materialität der Arbeit zu vermeiden, um kritisch die Unterscheidung zwischen den Begriffen der Reproduktion und des Originals zu betrachten.[45]

4. Abschließende Betrachtungen

Warum Rodins Gipsfassung der Bürger von Calais im Ca' Pesaro eine Besonderheit darstellt und gleichzeitig seinem Œuvre besonders gerecht wird, liegt im extensiven Schaffen Rodins mit Gips begründet, welches allerdings durch die Kunstgeschichte erst

[42]Vgl. Ebd., S.250.
[43]Vgl. Krauss 2000, S.225.
[44]Hoffmann 2013, S.250.
[45]Vgl. Höcherl 2003, S.250.

seit Beginn der 80er Jahre tatsächlich anerkannt und untersucht wird (exemplarisch steht hierfür die Ausstellung in Washington „Rodin Rediscovered“ 1981/82). Dass Rodins Gips bereits im frühen 20. Jahrhundert für die Sammlung in Venedig angekauft wurde, zeugt von frühem Verständnis und Akzeptanz der Galerie gegenüber Rodins Schaffen mit Gips, was zu diesem Zeitpunkt unüblich war.[46] Exemplarisch für den allgemeinen Widerwillen, mit welchem Rodins Gipsen seither in der Kunstgeschichte Bedeutung beigemessen wird, kann die Tatsache stehen, dass es bis heute kein Œuvreverzeichnis für Rodins Gipsskulpturen gibt. Durch diese Verkennung bleiben, trotz der Masse an Rodin-Publikationen, Konzeptions-, Ästhetik-, und Rezeptionsfragen des Gipsœuvres unbeantwortet.[47] Des Weiteren geht mit diesen Gipsen eine, für die Kunstgeschichte unbequeme Frage, nach der Definition von Originalität einher, die in Zeiten einer stets wachsenden Reproduktion von Kunstwerken immer schwerer zu beantworten ist. Insofern ist es Höfers verdienst, dass Sie durch ihre fotografische Dokumentation der Skulpturen nicht nur ihren eigenen Umgang mit diesen aufzeigt und ihr eigenes Œuvre erweitert, sondern innerhalb „twelve“ auf Rodins Schaffen und auch die Gipse verweist, in dem Sie beispielsweise Arbeits-, und Präsentationsschemata des Künstlers zitiert, wie im letzten Kapitel aufgezeigt wurde. So nähert sich Höfer Rodin bildlich, über die Darstellung der Skulpturen, aber auch konzeptionell, durch die Imitation von Ausstellungskonzepten. Rodins Modernität erfährt hierüber eine besondere Anerkennung. Darüber hinaus beteiligt und positioniert sich Höfer allein durch ihre Auftragsannahme der Rezeption und in der Art und Weise wie sie diese umsetzt selbst aktiv am Diskurs und hinterfragt erneut, zu Beginn des 21. Jahrhundert, kritisch eine eindeutig definierbare Werkkategorie.

[46]Vgl. Ebd., S.123.
[47]Vgl. Ebd., S.10f.

5. Literaturverzeichnis

5.1.Literatur

- Benjamin, Walter: *Das Kunstwerk im Zeitalter seiner technischen Reproduzierbarkeit.* In: Ders. Gesammelte Schriften. Bd.2. Frankfurt 1974.

- Brabant, Dominik: *Rodin-Lektüren. Deutungen und Debatten von der Moderne zur Postmoderne.* Diss., Ludwig-Maximilians-Universität München 2017.

- Hoffmann, Katja: *Ausstellungen als Wissensordnungen. Zur Transformation des Kunstbegriffs auf der Documenta 11.* In: Schriftenreihe des documenta Archivs. Bnd. 23. Bielefeld 2013.

- Höcherl, Heike: *Rodins Gipse. Ursprünge moderner Plastik.* In: Jürgen Meyer zur Capellen (Hrsg.): Schriften zur bildenden Kunst. Bd.12. Frankfurt a. M. 2003.

- Krauss, Rosalind E.: *Die Originalität der Avantgarde und andere Mythen der Moderne.* In: Herta Wolf (Hrsg.): Schriftenreihe zur Geschichte und Theorie der Fotografie. Bd.2. Amsterdam; Dresden 2000.

- Schmoll-Eisenwerth, Josef A.: *Rodin-Studien: Persönlichkeit – Werke – Wirkung. Bibliografie.* München 1983.

Gerhard Pfennig: *Kunst, Markt und Recht. Einführung in das recht des Kunstschaffens und der Verwertung von Kunst.* In: Stefan Haupt (Hrsg.): Berliner Bibliothek zum Urheberrecht. Bnd.7. München 2009.

5.2. Internetlinks

https://capesaro.visitmuve.it/en/il-museo/la-sede-e-la-storia-2/ (Stand: 31.10.2019, 09:14).

https://www.kettererkunst.de/bio/AugusteRodin-1840-1917.php (Stand: 2.2.2019, 16:53h).

https://blog.staedelmuseum.de/auguste-rodins-eva/ (Stand: 08.10.2019, 12:39).

https://capesaro.visitmuve.it/en/mostre-en/archivio-mostre-en/paradoxes-ca-pesaro-candida-hofer/2015/01/6438/the-burghers-of-calais/ (Stand: 23.10.2019, 08:51).

https://www.galeriezander.com/de/artist/candida_hoefer/biography (Stand: 22.10.2019, 09:04).

https://www.welt.de/print-wams/article603903/Mit-AugusteRodin-ab-nach-Kassel.html (Stand: 22.10.2019, 09:10).

5.3. Kataloge

Candida Höfer: Zwölf – Twelve. Kat. Ausst. Musée des Beaux-Arts et de la Dentelle de Calais, Calais 2000.

Candida Höfer: Orte Jahre. Photographien 1968-1999. Kat. Ausst. Die Fotografische Sammlung/SK Stiftung Kultur Köln. Köln 1999.

6. Abbildungsverzeichnis

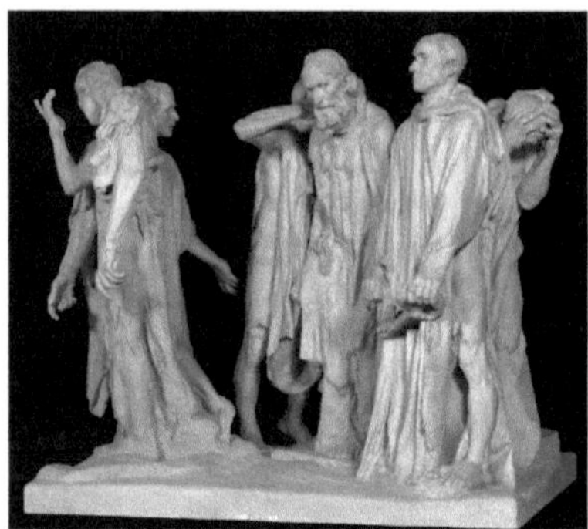

Abb.1: Auguste Rodin, Die Bürger von Calais, 1889, Gips, Venedig, Ca‘ Pesaro. URL: https://prometheus.uni-koeln.de (Stand: 01.11.2019, 15:00).

Die Abbildung wurde aus urheberrechtlichen Gründen vom Lektorat entfernt.

Abb.2: Auguste Rodin, Monument für Balzac, 1898, Bronze, Paris, Musée Rodin. URL: http://www.musee-rodin.fr/en/collections/sculptures/monument-balzac (Stand: 01.11.2019, 15:05).

Die Abbildung wurde aus urheberrechtlichen Gründen vom Lektorat entfernt.

Abb.3: Auguste Rodin, Trois Faunesses, vor 1896, Bronze, Paris, Musée Rodin. URL: http://www.musee-rodin.fr/fr/collections/sculptures/trois-faunesses (Stand: 01.11.2019, 15:08).

Die Abbildung wurde aus urheberrechtlichen Gründen vom Lektorat entfernt.

Abb.4: Auguste Rodin, Les Trois Ombres, Vor 1886, Bronze, Paris, Musée Rodin.
URL: http://www.musee-rodin.fr/fr/collections/sculptures/les-trois-ombres (Stand: 01.11.2019, 15:09).

Die Abbildung wurde aus urheberrechtlichen Gründen vom Lektorat entfernt.

Abb.5: Candida Höfer, Tables, 2016, Dye Transfer Print, 54x55,6cm.
URL: https://www.galeriezander.com/de/artist/candida_hoefer/works (Stand: 01.11.2019, 15:27).

Die Abbildung wurde aus urheberrechtlichen Gründen vom Lektorat entfernt.

Abb.6: Candida Höfer, Liverpool II, 1968, Silbergelatineabzug, 20,3x20,3cm.
URL: https://www.galeriezander.com/de/artist/candida_hoefer/works (Stand: 01.11.2019, 15:23).

Die Abbildung wurde aus urheberrechtlichen Gründen vom Lektorat entfernt.

Abb.7. Candida Höfer, NY Carlsberg Glyptotek Copenhagen IV, 2000, 85x85cm.
In: *Candida Höfer: Zwölf – Twelve*. Kat. Ausst. Musée des Beaux-Arts et de la Dentelle de Calais, Calais 2000, S.23.

Die Abbildung wurde aus urheberrechtlichen Gründen vom Lektorat entfernt.

Abb.8: Candida Höfer, Place de l'Hôtel de Ville Calais V, 2000, 152x163,9cm.
In: *Candida Höfer: Zwölf – Twelve*. Kat. Ausst. Musée des Beaux-Arts et de la Dentelle de Calais, Calais 2000, S.19.

Die Abbildung wurde aus urheberrechtlichen Gründen vom Lektorat entfernt.

Abb.9: Candida Höfer, Musée Rodin Paris I, 2000,152x152cm.
In: *Candida Höfer: Zwölf – Twelve*. Kat. Ausst. Musée des Beaux-Arts et de la Dentelle de Calais, Calais 2000, S.39.

Die Abbildung wurde aus urheberrechtlichen Gründen vom Lektorat entfernt.

Abb.10: Candida Höfer, Musée Royal Mariemont, 20001 152x152cm.
In: *Candida Höfer: Zwölf – Twelve*. Kat. Ausst. Musée des Beaux-Arts et de la Dentelle de Calais, Calais 2000, S.27.